CANZONETTE

Nella loro semplice e immediata espressi
passato, un po' sentimentale. Eppure sono l
anni di musica leggera, dagli anni 1880 al 1
Per richiamare l'attenzione sulle canzonette e
valendosi di illustratori sconosciuti, resero le ꞔ   più vivaci
e attraenti.

La nostra raccolta è una minuziosa selezione tra migliaia di questi "pezzi" e rappresenta le "canzoni" che hanno avuto maggior successo in Italia e nel mondo.
Ripassare quelle immagini, rileggere quelle parole, ricordare quelle note, ci fa un
po' sorridere, ma esplorandole trasmettono una soffusa emozione forse perché ri-
conosciamo in esse un'eco della nostra musica.

POPULAR SONGS

*The songs presented in this volume, in their simplicity and immediate appeal, are
an evocative expression of a rather sentimental past. Yet they are also a visual record of about fifty years of light music, from 1880 to 1940.*

*In order to attract attention to the songs and dance tunes, the publishers of the time
made the covers of the scores brighter and more attractive, drawing on the services
of unknown illustrators.*

*Our collection is a very careful selection from the thousands of sheets available,
and they represent the songs that were most successful in Italy and abroad.*

*Reviving these images, re-reading the words and remembering the tunes may bring
a smile to the lips, but on exploration, they are capable of transmitting a deep emotion, perhaps because we see in them an echo of our own music.*

Referenze fotografiche
Le fotografie sono di Bernardino Mezzanotte.

Collana a cura di / *Series editor*
Franco Bassi
Grafica / *Graphic*
Luca Pratella / Fiorella Baserga
Traduzione / *Translation*
Johannes Henry Neuteboom

© BE-MA EDITRICE, Milano 1989
20128 Milano - Via Teocrito, 50

Fotocomposizione / *Filmset by:* Primavera - Milano
Fotolito / *Colour reproduction by:* Lamarmora - Milano
Stampa / *Printed by:* FBM - Gorgonzola (Mi)
Confezione: Legatoria 87 - Gorgonzola (MI)

Itinerari d'Immagini n° 25
1° edizione 1989
First edition 1989

ISBN 88 - 7143 - 081-6
Stampato in Italia / *Printed in Italy*
Autorizzazione del Tribunale di Milano n° 190 del 6/3/87

Itinerari d'immagini

CANZONETTE

POPULAR SONGS

Livio Cerini di Castegnate

BE-MA Editrice

1880 - 1885 ITALIA

"DANCING IN THE BARN", danza campestre composta da Giuseppe Galimberti quando ancora si dedicava la musica alle Principesse di sangue reale.
L'autore le eseguiva personalmente a Palazzo Reale, in circoli eleganti, hotels ed accademie.

1880-1885 Italy. "Dancing in the Barn", country dance composed by Giuseppe Galimberti when his music was still dedicated to princesses of royal blood. The author followed them personally in the Royal Palace, in smart circles, hotels and academies.

A.S.A.R.

LA PRINCIPESSA ISABELLA DUCHESSA DI GENOVA

Dedica aggradita

Dancing in the Barn

DANZA CAMPESTRE

Composta dal M.º

GIUSEPPE GALIMBERTI

OP. 324

Eseguita dall'Autore a Palazzo Reale, al Grand'Hôtel d'Europa in Torino, al Circolo degli Artisti ed all'Accad.ᵃ Filarmonica

556
PIANOFORTE L. 4
VIOLINO - FLAUTO - SESTETTO L. 7.
556 in

PARTIT. ORCHESTRA L 2 nette
BANDA
557

Proprietà dell'Editore

LUIGI   TORINO
PEROSINO   Via Garibaldi 8

1885 FRANCIA

"SOURIRE D'AVRIL" dall'album della Principessa Wolkonsky: un valzer, che veniva eseguito da orchestrine tzigane, in riduzione per pianoforte.
Bellissimo disegno a due colori di purissimo stile liberty firmato da Barabaudy disegnatore e litografo della Belle Epoque che ebbe una certa fama.

1885 France. "Sourire d'Avril" from Princess Wolkonsky's album: a waltz played by Hungarian gypsy dance bands, arranged for the piano. Beautiful two-colour design of very pure Art Nouveau style by Barabaudy, a renowned artist and lithographer of the Belle Epoque period.

6

1885 FRANCIA

"LA BOITEUSE" è definita una chansonette "comique" creata da Paulus.
Si cantava l'Eldorado a Parigi, la musica e di L. Gangloff.
Una modesta litografia che ricorda quelle dei giornali umoristici dell'epoca.

1885 France. "La Boiteuse" was considered as being a "comique" chansonette by Paulus. It was sung at the Eldorado in Paris, with music by L. Gangloff. A modest lithograph reminiscent of those in the humorous magazines of the time.

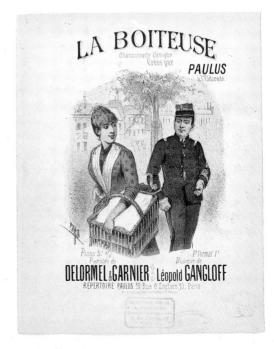

1890 FRANCIA

"COMME LES AUTRES", dall'album della Principessa Wolconsky una canzone del repertorio della Mercadier, soubrette che ebbe uno stuolo di ammiratori.
La litografia è firmata Pierre Du Fresne disegnatore che è ancora ricordato.

France. *"Comme les autres", from Princess Wolkonsky's album. A song from the repertoire of Mercadier, an artiste with a swarm of admirers.*
The lithograph is by Pierre Du Fresne who is still remembered as an artist.

1895 FRANCIA

"LES CONSEIL DE LA GRANDE SOEUR" è una canzone del repertorio della soubrette Yvette Guilbert.
Una lito perfetta di amori "platonici" (?) accanto ai fornelli.

1895 France. "Les Conseils de la Grande Soeur" is one of the songs from the repertoire of the artiste Yvette Guilbert.
A perfect lithograph of "platonic" love over the stove.

1890 GERMANIA

"NACH MIR KEINE WIPPCHEN VOR?" dall'album della principessa Wolkonsky, stampato a Lipsia da Zimmermann che aveva filiali a Pietroburgo e a Mosca.
L'ufficiale e la fanciulla sono emblematici dell'epoca e congeniali al pianoforte e ai suoi amori.

1890 Germany. "Nach mir keine Wippchen vor!".
From Princess Wolkonsky's album, printed in Leipzig by Zimmermann who had branches in St. Petersberg and Moscow.
The officer and the girl were emblematic of the period and perfectly fitted to the piano and its music.

"Mach mir keine Wippchen vor!"

POLKA

mit komischem Text ad libitum

von

B. F. KEYLL

Op. 56.

Pr. M 1.—

Eigentum des Verlegers für alle Länder

Jul. Heinr. Zimmermann,
St. Petersburg. Leipzig. Moskau.

1890 ITALIA

"CHANSON DE PRINTEMPS" stampata in Italia da Ricordi sotto l'insegna della filiale di Parigi, è una canzone primaverile illustrata in modo esemplare.

E' tra le più belle copertine che illustrarono la musica leggera.

*1890 **Italy.** "Chanson de Printemps" printed in Italy by Ricordi with the label of the Paris branch. It is a song about the spring, with an exemplary illustration.*

One of the most beautiful covers illustrating light music.

1890 RUSSIA

"PAS DE QUATRE" dall'album della principessa Wolkonsky. Edizione russa di un ballo tutto parigino che invase l'Europa.
All'interno viene spiegato in tre lingue come lo si deve danzare.

1890 Russia. "Pas de Quatre" from Princess Wolkonsky's album.
Russian edition of an entirely French dance which invaded Europe. Inside there are instructions on how to dance it in three languages.

1895 (circa) FRANCIA "QUAND L'AMOUR REFLEURIT" pezzo musicale senza editore e senza data, valzer "Boston", vale a dire lento, del famoso musicista Octave Cremieux.

Fu seguito nei salotti italiani dalle signorinelle per almeno trent'anni.

1895 circa France. "Quand l'amour refleurit", a piece of music without publisher's name or date. A "Boston" waltz, i.e. a slow one, by the famous composer Octave Cremieux.

It was performed in Italian drawing rooms by young ladies for at least thirty years.

1898 FRANCIA

"RADIEUSE" valzer di un editore di Nizza stampato a Lipsia.
Motivo e copertina sono veramente radiosi come il titolo.

1898 France. "Radieuse" by a publisher in Nice, printed in Leipzig. The tune and cover really are radiant, as promised by the title.

RADIEUSE

VALSE

par

ERNEST ALDER.

Pour orchestre net 2f
Pour piano net 2f

Nice, Paul DECOURCELLE, éditeur

Propriété pour tous pays
Tous droits d'exécution et de reproduction réservés.
Déposé selon les traités internationaux.

Paris: C. BORNEMANN. Leipzig: J. RIETER-BIEDERMANN.
Bruxelles: J. B. KATTO. Barcelona: J. B. PUJOL & Cie.
Londres: STANLEY LUCAS, WEBER, PITT & HATZFELD 14.

1900 GERMANIA

"FLIEDERBLÜTHEN"è un Salonstuck, pezzo da salone, dedicato al fiore di sambuco.
Opera del musicista Theodor Espen che fu fecondissimo.

*1900 Germany. "Fliederblüthen" is a "Salonstuck", a drawing-room piece, dedicated to the elderflower.
A work by Theodor Espen, a prolific composer.*

1901 FRANCIA

"VALSE REVEE" stampato in Francia, diffuso in Svizzera a Basilea.
Commosse signore e signorine dell'austera Confederazione.

1901 France. "Valse Revée", printed in France and widely sold in Basel (Switzerland). It deeply stirred the married and young ladies of the austere Confederation.

1902 ITALIA

"QUEL NON SO CHE'!..." mazurka per pianoforte.
L'editore Ricordi sceglieva con cura le musiche da pubblicare.
Becucci compositore da salotto era famoso e per mezzo secolo fu eseguito da tre generazioni.

1902 Italy. "Quel non so che...", mazurka for piano. Ricordi chose their music to be published most carefully. Becucci was well known as a drawing-room composer and his music was played for half a century, by three generations.

1903 FRANCIA

"CHARME D'AMOUR un valzer di Octave Crémieux stampato dalla libreria Hachette che vanta elevate tradizioni editoriali.

E' piacevolissimo, oltre che musicalmente, per l'estetica dell'immagine.

Il disegnatore era senza dubbio un esperto litografo.

1903 France. "Charme d'amour", a waltz by Octave Cremiux, printed by the book publisher Hachette, a firm that can boast of a great publishing tradition.

An attractive piece, both as regards the music and the image. The designer was undoubtedly an expert lithographist.

1909 CANADA'

"PEARLY DEW DROP" una mazurka di certo maestro Birbeck.
Copertina di purissimo gusto liberty.
Allora l'America imitava l'Europa.

1909 Canada. "Pearly Dew Drop", a mazurka written by a certain Birbeck. Cover is in pure Art Nouveau style. In those days America sought to imitate Europe.

1910 ITALIA

"CLARETTE" two-step curioso perché porta il Copyright "Grandi Magazzini" pur essendo stampato da un editore genovese.
La pubblicità non risparmiò la musica: FIAT, Ferrochina Bisleri, GiViemme e molte altre Case si servirono delle musiche per far conoscere i loro prodotti.

1910 Italy. "Clarette" a two-step, curious because it shows the copyright "Grandi Magazzini" although it was printed by a Genovese publisher.
Advertising does not spare even music! Fiat, Ferrochina Bisleri, GiViemme and many other manufacturers used music to promote their products.

**1910 JUGOSLAVIA a
Lubiana che allora era
Croazia**

"MOZICEK" una pantomima con Pierrot, Pierrette e Co-
lombina.
La copertina per la sua ingenuità è piacevole.
Conferma che in tutta Europa venne di moda illustrare musiche e canzoni.

*1910 Yugoslavia, in Ljubjana which was then Croatia.
"Mozicek", a pantomime with Pierrot, Pierret and Co-
lombina.
The cover is pleasing in its naivety.
A confirmation that the fashion of illustrating music and
songs had spread all over Europe.*

1911 INGHILTERRA

"TRES MOUNTARDE" one or two Step or Tango: come mai una musica polivalente?

Musicista inglese, soggetto curioso e illustrazione caricaturale singolare per un signore che esagera con mostarda e la signora col cappello.

1911 Britain. "Très Moutarde", one-step or two-step or tango. One wonders how the music managed to be so versatile.

British composer, a curious theme and singular caricatural illustration for a gentleman who exaggerates with the mustard and a lady with a hat.

1913 ITALIA

"A MERRY MEETING" esempio piuttosto raro di un Rag-Time composto in Italia da V. Billi.
Il vero Rag-Time non lo si scriveva mai. Lo improvvisano per lo più negri americani che lo eseguivano nei locali notturni e nei saloons in maniche di camicia tenute su con gli elastici per lasciare liberi i polsi.

1913 Italy. "A Merry Meeting", a somewhat rare example of a rag-time dance composed in Italy by V. Billi. True ragtime was never written down. It was improvised mainly by American negroes who performed it in night clubs and saloons in their shirt-sleeves, kept up with elastic bands to leave their wrists free.
In all events it is a rare piece.

1918 ITALIA

"VOLUTTÀ", questo celebre valzer è stato scritto da Ermete Carosi e stampato a Torino. Si legge in alto a sinistra XX° migliaio, il che non è poco.

1918 Italy. "Voluttà", a celebrated waltz composed by Ermete Carosi and published in Turin. The figure "XXth thousand" is written in the top left corner, evidence of extraordinary popularity.

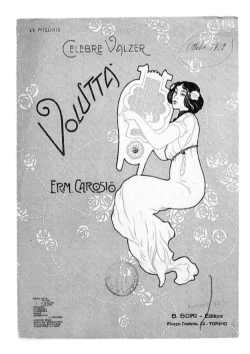

1919 GERMANIA

"PAHJAMAH" dell'Editore C.M. Roder in Berlino.
Pahjamah sarebbe il pigiama.
Copertina di un oriente fatato, incredibile, e fuori dalla realtà.

1919 Germany. "Pahjahmah" published by C.M. Roeder of Berlin.
Cover showing an incredible, magical East, quite out of this world.

1919 ITALIA

"THE RED DEVIL" - Jazz fox-trot di Vincenzo Billi, stampato da Ricordi in Italia e diffuso in tutta Europa.
La firma del disegno può far pensare a Enrico Sacchetti, artista e cartellista famoso, ma non è cosa certa.

1919 Italy. "The Red Devil", a jazz fox-trot by Vincenzo Billi, printed by Ricordi and sold all over Europe. The signature of the design recalls the work of Enrico Sacchetti, a famous artist and poster designer, but one cannot be sure.

1920 AUSTRIA

"SALOME", questa musica del famosissimo compositore Robert Stolz al quale dobbiamo molte operette, è un canto orientale e fox-trot, il che è abbastanza curioso.
Disegno sensuale che promette emozioni insolite ai danzatori.

1920 Austria. "Salome". This music, by the very famous composer Robert Stolz, author of many operas, is an oriental song and fox-trot, a rather curious combination.
A sensuous design which promises unusual emotions to the dancers.

1920 GERMANIA

"DER LELZLE WALZER" operetta in tre atti di cui questo spartitino è un "Potpourri", musica di Oscar Strauss. Gradevolissima copertina.

1920 Germany. "Der Lelzle Walzer", an operetta in three acts, of which this score is a "Pot-pourri". Music by Oscar Strauss. A very attractive cover.

1920 FRANCIA

"AY-AY-AY" una serenata Criolla del musicista spagnolo Osman Perez Freire, fu una dei più clamorosi successi mondiali e si suona ancora oggi in varie versioni e arrangiamenti non sempre azzeccati e felici.

Asomate à la ventana ay ay ay
Paloma dell'alma mia
Asomate à la ventana ay ay ay
Paloma dell'alma mia

1920 France. "Ay-ay-ay", a Creole serenade by the Spanish composer Osman Perez Freire. It was one of the most striking musical hits in the world and it is still played today in a variety of arrangements and versions, not always particularly well done.

1920 GERMANIA

"EINST uns JETZT!" (Una volta e ora) Fox-trot-Intermezzo di Ottmar Kelsen.
L'abbigliamento delle due donne è in contrasto: quello di una volta e quello di ora, il 1920, si intende.

1920 Germany. "Einst und Jetzt!" (Once and now). A fox-trot-Intermezzo by Ottmar Kelsen.
There is a contrast between the two women's dresses: that of once, and that of now (i.e. 1920).

"COSÌ PIANGE PIERROT" fox-trot di C.A. Bixio che ebbe un notevole successo anche in Francia sotto il titolo "Les larmes de Pierrot"

Ed io che amo,
ti sogno, e bramo
farti mia, Rosy!
Folle di passion

1920 Italy. "Così piange Pierrot", "So weeps Pierrot", a fox-trot by C.A. Bixio, which was also highly successful in France with the title "Les larmes de Pierrot".

1920 ITALIA

"LE SCIMMIETTE DEL BRASILE", versi e musica di Ripp.
La copertina è del noto caricaturista Manca che illustrò
il Guerin Meschino di Milano per molti anni.

Le scimmiette del Brasile son vezzose
Han molta agilità
Son pelose, ma peranco son viziose.
Come l'umanità

1920 Italy. *"Le Scimmiette del Brasile", words and music by Ripp.*
The cover is by the well-known caricaturist Manca who illustrated the "Guerin Meschino" of Milan for many years.

LE SCIMMIETTE DEL BRASILE
VERSI E MUSICA DI RIPP

N. 327

Casa Editrice Musicale Abramo Allione
TORINO - Via Carlo Alberto, 26

Deposto a norma di legge e dei trattati internazionali.
Proprietà per tutti i Paesi - Riservati tutti i diritti.

Printed in Italy

PIANO E CANTO L. 3,50

(compreso l'aumento)

1920 ITALIA

"QUARTETTO DEGLI SCUGNIZZI" dall'operetta "La Scugnizza" di Carlo Lombardo, musica di Mario Costa.
Il pubblico amava l'operetta che era una evasione dalla realtà domestica molto seria e noiosa

1920 Italy. "Quartetto degli Scugnizzi" (the quartet of urchins) from the operetta "La Scugnizza" (the Urchin) by Carlo Lombardo, with music by Mario Costa. Its success was guaranteed.
The middle classes loved operetta, an escape from the very serious and boring domestic reality.

1920 ITALIA

"SÉPARÉ". Fox-shimmy di Bixio, è tutto un rimpianto. La copertina di un certo Spirito è piuttosto ....spiritosa.

O séparé, séparé
del Tabarin
quanti ricordi voluttuosi
mi risvegli tu!
Sogni dorati ormai lontani
che non tornan piú.

1920 Italy. "Séparé", Fox-shimmy by Bixio. It is pure nostalgia.
The high-spirited cover was designed by a certain Spirito.

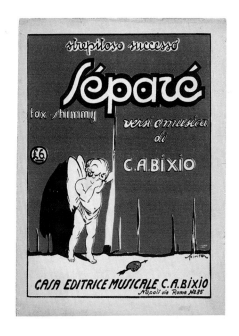

1920 ITALIA

"TANGO DELLE ROSE" - Parole e musica di Schreier e Bottero. Si danzò molto questo tango la cui notorietà e legata ancora alle sue parole.

Amami....Baciami con passione
Prendimi....stringimi con ardore
Coglimi....La mia vita è come un fiore
Fiorisce presto e presto muore
E' sol per te il mio cuor...

1920 Italy. *"Tango delle Rose". Words and music by Schreier and Bottero. This tango was very popular for dancing and its fame was consolidated by the words.*

ANNI 20 ARGENTINA- ITALIA

È giunta l'ora del piacer
solinga muta vuoi restar?
Ricusi bimba di goder?
mister! mister! mister!

"LA CUMPARSITA" Tango - Musica di G.H. Matos Rodriguez.

Questa musica è rimasta ai giorni nostri il simbolo che rappresenta tutti i tanghi del passato a pari merito con "Plegaria!"... che suonava il famosissimo Eduardo Bianco ed era dedicata nientemeno che a Sua Maestà il Re Alfonso XIII di Spagna, che però ha una copertina insignificante. Se un nostalgico vuol sentire un tango, fa eseguire "La Cumparsita".

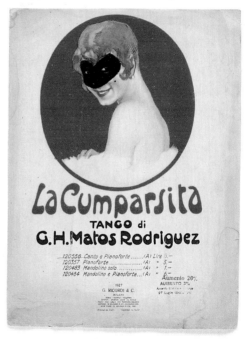

Twenties Argentina - Italy. *"La Cumparsita" Tango, music by G.H. Matos Rodriguez.*
Today, this music has become a symbol which represents all the tangoes of the past as "Plegaria!" which was played by the very famous Eduardo Bianco, and was dedicated to his Majesty himself, King Alfonso XIII of Spain.

1921 GERMANIA

"DIE BAJADERE". Pezzo dell'operetta "LA BAJADERA" del famosissimo compositore Emmerich Kálmán, ungherese. La sua operetta più nota è "La Principessa della Czarda". Le musiche ungheresi esercitano sempre un grande fascino in tutta Europa.

1921 Germany. "Die Bajadere", a piece from the operetta "La Bajadera" by the renowned Hungarian composer Emmerich Kálmán. His most well-known operetta is "The Princess of the Czardas". Hungarian music has always exerted a great fascination all over Europe.

1921 ITALIA

"COME UNA COPPA DI CHAMPAGNE" musica famos-
sissima e tuttora ricordata.
La cantò per anni il celebre Gino Franzi che negli anni
'50, ormai molto anziano, la cantava ancora in un vec-
chio locale di fronte al Duomo di Milano.

1921 Italy. "Come una coppa di champagna" (like a glass
of champagne).
Very famous music, remembered by all.
It was sung for many years by the celebrated singer Gino
Franzi, who was still singing it during the Fifties (by then
he was very old) in an old tavern in front of Milan Ca-
thedral.

*Come una coppa di champagne tu mi
puoi dar....
La folle ebrezza che mezz'ora può
durar
mentre il mio cor cerca un amore per
la vita
Lasciami star. Facciamola finita.*

"ERA NATA A NOVI", versi e musica di Ripp, strepitoso successo come è scritto sulla copertina:

....*Era nata a Novi*
era proprio una novizia
e là sotto i Giovi
io gustai la sua primizia.

1921 Italy. "Era nata a Novi" (she was born in Novi), words and music by Ripp. A resounding success, as written on the cover.

1922 FRANCIA

"LA JAVA" fu una danza creata da Mistinguett e divenne un successo mondiale
Ed. Fracis Salabert, musica di Maurice Yvain
Se le gambe di Mistinguett erano le più belle del mondo, la sua voce che cantava in argot parigina, la Java, incantava gli spettatori.

1922 France. La Java was a dance invented by Mistinguett, which became successful world-wide. Published by Francis Salabert, with music by Maurice Yvain. Mistinguett reputedly had the most beautiful legs in the world: certainly her voice, singing the Java in Parisian "argot", enchanted the audience.

1922 ITALIA

"DANZA COME SAI DANZARE TU". In quegli anni tutti canticchiavano:

"Danza, come sai danzare tu
che la tua danza
è un'armonia di gioventù;
tu sei nata per danzare
e nulla più
Fox-Trot di C.A. Bixio, editore C.A. Bixio Napoli.

1922 Italy. *"Danza come sai danzare tu".*
At the time, the song was on everybody's lips.
Fox-trot by C.A. Bixio, published by C.A. Bixio, Naples.

1922 ITALIA

"YVONNE" One Step di Dino Rulli che ebbe grande successo. Quante bimbe in Italia furono chiamate Yvonne dopo questa canzone!

Yvonne, piccolo amor
Yvonne dolce tesor sorridi ben
tra i fiumi di champagne!
gridava il pubblico in giubilo allor....

1922 Italy. "Yvonne". A one-step by Dino Rulli which was a great hit. Just how many babies in Italy were called Yvonne after this song?

48

1922 ITALIA

Da "La danza delle libellule" di C. Lombardo, musica di Franz Lehar, un duetto comico: BAMBOLINA

Bambolina
E' l'ombra tua l'amor
mia piccina
La segui? fugge ognor.
Se la fuggi, ti insegue allor,
O bambolina questo è l'amor!

1922 Italy. From "La danza delle libellule" (dance of the dragonflies) by C. Lombardo, with music by Franz Lehar, a comic duet: "Bambolina".

1922 ITALIA

"IL FOX-TROT delle GIGOLETTES" dall'operetta "La Danza delle Libellule" di Carlo Lombardo, musica di Franz Lehar.

Il tema della Gigolette e dell'Apache (nome preso in prestito dai pellerossa) è tutto parigino di quegli anni allegri.

1922. Italy. "Il fox-trot delle Gigolettes", from the operetta "La danza dell libellule" by Carlo Lombardo, music by Franz Léhar.

The theme of Gigolette and the Apache (name borrowed from the Red Indians) is a typical Parisian invention of those cheerful years.

E' notte, t'invita l'apache
O Gigolette O Gigolette....

1922 ITALIA

"IO CERCO LA TITINA...."
Canzone francese che fece il giro del mondo e che ebbe in Italia enorme successo. La cantava Titina, soubrette degli anni '20, amata e desiderata da viveurs delle buone famiglie di industriali lombardi.

1922 Italy. "Io cerco la Titina..." (I'm looking for Titina). A French song which swept the world, and was also a great hit in Italy. It was sung by Titina, a much-loved Twenties artiste who was always in demand by "viveurs" of well-to-do families of Lombard industrialists.

1922 ITALIA

"MIMÌ" un racconto sentimentale di Bixio e Cherubini, musica di Dino Rulli.

Piacque moltissimo alle ragazze innamorate timorose di perdere l'amato.

Fu cantato in Italia anche dalla giapponese Tsune-Ko.

Italy. "Mimi", a sentimental song, with words by Bixio and Cherubini, music by Dino Rulli. It was very much liked by girls in love scared of losing their loved one. It was also sung in Italy by the Japanese Tsune-Ko.

Tu sei Mimì!
Perché sin qui?
Con questo freddo
potevi restar
Lei mi parlò
ma sospirò
E un bacio ardente
la riscaldò.
Or se lo vuoi
mi puoi tutta goder...
No! mia Mimì....
restiam così....
voglio sognarti come quel di.....!

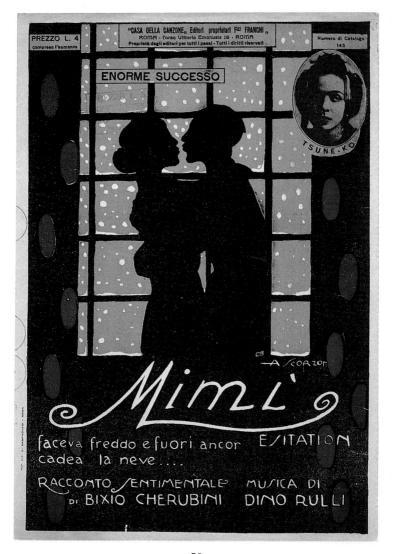

BRASILE

"¡PORQUÈ NO HAS VENIDO?" Canzone-tango argentino che veniva eseguita a Roma al Teatro Apollo. Questo è un vero tango originale venuto d'oltre oceano.

*1923 **Brazil.** "¿Porque no has venido?" Argentine tango song performed in Rome at the Apollo Theatre. A very original tango from overseas.*

1923 ITALIA

"ADDIO SIGNORA". Questa "canzone" o valzer lento lanciata da Anna Fougez negli anni '20 si canterella ancora negli anni '80 non si sa se con rimpianto o con un certo compatimento per gli ormai decrepiti sentimentalismi.

1923 Italy. "Addio Signora". This "song", or slow waltz, launched by Anna Fouget in the Twenties, is still hummed today. One wonders whether its eternal popularity is due to nostalgia or a certain indulgence in by now redundant sentimentality.

Addio, mia bella signora,
lasciamoci così, senza rancor;
al destino che vien
rassegnarci convien,
sospirare, piangere, perchè?

1923 ITALIA

"ADDIO TABARIN", pezzo famosissimo del musicista Dino Rulli, cantato per anni da Gino Franzi.

Addio Tabarin
Paradiso di voluttà
che inghiottivi
nel ventre dorato
i soldi di papà...

1923 Italy. *"Addio Tabarin", a very famous piece composed by Dino Rulli and sung for many years by Gino Franzi.*

**1923 ITALIA-
GERMANIA**

Musicista italiano di un testo tedesco.
"ALLAH, ALLAH, ALLAH" tre volte è un po' troppo.
La copertina concepita in Germania è certamente miglio-
re della musica.

*1923 Italy-Germany. Music by an Italian composer for
German words.
"Allah, Allah, Allah", three times is a bit too much.
The cover designed in Germany is certainly better than
the music.*

Fox-Trot italianissimo è definito questo "della Nostalgia"

Sulla sponda Argentina
una folla cammina....

....

Oh, mamme dal crin d'argento laggiù
sposi, bimbi cari, tesor....

1923 Italy. *A very Italian fox-trot, it has been defined as the "Nostalgia Fox-trot".*

1923 ITALIA

"DIMMI DI SÌ", musica di G. Bonavolontà per il repertorio di Anna Fougez

"Dimmi di sì" un profumo della casa "Fougez" che la cantante lanciò sul mercato. La colonia Fougez ebbe una certa fama, ma le vere signore usavano solo profumi francesi.....

1923 Italy. "Dimmi di si", composed by G. Bonavolonta for Anna Fougez's repertoire.

"Dimmi di si" was the name of a perfume made by the brand "Fougez", launched by the singer. Fougez eau-de-Cologne enjoyed a certain success, but real ladies only used French perfumes...

Con tal profumo
chi vorreste conquistar,
di certo, lì per lì,
vi dirà di sì

60

1923 ITALIA

"MARION", fox-trot del Maestro Domenico Cortopassi che ebbe una certa meritata fama. Curiosa la copertina stilizzata

O Marion
la bocca vorrei baciar
nel tuo cuor vorrei trovar
da riposar.
......

1923 Italy. "Marion", a fox-trot composed by Domenico Cortopassi which met with a deserved success. The stylized cover is rather curious.

1924 FRANCIA

"MAL DE AMOR", un tango milonga molto noto e ballato ovunque in Europa, parole di S. Porta, musica di José Sentis.

Sulla copertina, una lei altezzosa e un lui pensieroso per il mal d'amor.

1924 France. *"Mal de Amor", a very famous milonga tango that was danced all over Europe. Words by S. Porta and music by Jose Sentis. On the cover, the lady is haughty while the man is pensive, struck by "mal d'amor".*

MAL DE AMOR

TANGO MILONGA PAR JOSE SENTIS PRIX 6.

EDITIONS FRANCIS SALABERT · PARIS ET NEW-YORK

ITALIA

"FATAL SHIMMY" di Carlo Lombardo, Casa musicale Carlo Lombardo, editore di sé stesso.
Questo Shimmy per eccellenza è rimasto famoso.

Quel cabaret dinanzi a me
io rivedo ancor, nacque nel dolor
là il mio primo amor

Lo Shimmy si danzava agitando freneticamente le anche, precorrendo di quarant'anni il "Rock and Roll". Nulla o poco di nuovo sotto il sole.

1924 Italy. "Fatal Shimmy" by Carlo Lombardo, who was his own publisher. This Shimmy has remained famous by virtue of its sheer class.

The Shimmy was danced with much shaking of the hips, anticipating Rock and Roll by forty years. Little or nothing new under the sun.

Repertorio di GINO FRANZI

Fatal Shimmy!

DI

CARLO LOMBARDO

Per pianoforte e canto L. 4.—
» mandolino e chitarra » 1.50
» orchestra salon » 7.

Casa Editrice Musicale CARLO LOMBARDO
Via Lupetta 14 - MILANO (10) - Telefono 41-230

1924 ITALIA

"VIEN!" dall'operetta "CLOCLO" di Franz Lehar, copertina tedesca stampata in Italia.

Vien, ti vo dire il mio segreto
Vien tu sai ben quanto mi piace
....queste labbra voglion baci, baci, baciar....

1924 Italy. *"Vien!", from the operetta "Cloclo" by Franz Lehar, a German cover printed in Italy.*

1925 ITALIA

"IL VERO CHARLESTON". Questa musica americana stampata in Italia dalla casa editrice Carlo Lombardo introdusse il Charleston che fece impazzire una generazione

Par proprio di vedere i fili di paillettes brillare sopra le ginocchia delle ragazze "à la page" di allora.
La minigonna era già stata inventata, perbacco!

1925. "Il vero Charleston" (the real Charleston).
This American music, printed in Italy by the publisher Carlo Lombardo, introduced the Charleston which became the rage of an entire generation.

One can almost see the threads of the paillettes shining above the knees "à la page" in those days.
Miniskirts had already been invented!

.....Lola, cosa impari a scuola
manco una parola
sai di Charleston
......

67

1925 FRANCIA

L'editore Francis Day divulgò in Francia il famoso CHAR-LESTON.
Abbiamo già visto la copertina italiana; questa francese
è meno pertinente, ma più piacevole.

*1925 France. The publisher Francis Day distributed the
famous Charleston in France.*
*We have already seen the Italian cover: the French one
is less pertinent, but more attractive.*

1925 FRANCIA

"VALENCIA", del compositore spagnolo José Padilla, fu un successo mondiale.
Lanciata da Mistinguett al Moulin Rouge con parole francesi di Lucien Boyer.
Editore Francis Salabert.

1925 France. "Valencia" by a Spanish composer Jose Padilla: it was a world-wide hit. Launched by Mistinguett at the Moulin Rouge with French lyrics by Lucien Boyer. Published by Francis Salabert.

Valencia
dolce terra
che ci afferra
con le mille seduzion

1925 FRANCIA

"VALENTINE", canzone che restò famosa per mezzo secolo e ancora oggi si canta.
Creata e cantata dal grande chansonnier Maurice Chevalier nella rivista "PARIS QUI CHANTE".

Elle avait de tout petits tétons,
Que je tâtais à tatons,
Ton ton, tontaine!
Elle avait un tout petit menton,

1925 France. *"Valentine" was successful for half a century, and it is still sung today.*
Composed and sung by that great singer Maurice Chevalier in the revue "Paris qui chante".

1925 ITALIA

"LA CINQUECENTO E NOVE". Documento eccezionale per la propaganda della Fiat 509 che riempì, si fa per dire, le strade di allora.

Musica di Riccardo Zandonai grande compositore di opere liriche, parole di Giuseppe Adami scrittore e commediografo.

Il disegno è di Codognato che ebbe una certa fama.

E' senza dubbio la miglior copertina tra le musiche pubblicitarie.

1925 Italy. "La Cinquecento e Nove" (509). An exceptional piece, a promotion for the Fiat 509 car which flooded the streets at the time.

Music by Riccardo Zandonai very famous composer of lyric works. Words by Giuseppe Adami writer and comedy writer. Designed by Codognato. Without doubt the best cover for advertising music to be produced.

1925 ITALIA

"SEMPRE" versione italiana su licenza Francis Day.
Always restò famosa fino agli anni '50

Not for just an hour
Not for just a day
Not for just a year
But ALWAYS.

Il sogno dell'amore che non finirà mai è sempre rimasto tale.

1925 Italy. *"Sempre", Italian version with permission by Francis Day. "Always" remained famous up to the Fifties.*

The dream of unending love has itself never changed.

1925 NICARAGUA

"RAYITO DE SOL", musica di un certo A. Cacace di indubbia origine. Tango che ebbe successo enorme in Europa.

Tu no crees Rayito de Sol, que en tì
La dulce luz de tu miranda de amor,
Tiene para mi inocencìa y candor!

1925 Nicaragua. "Rayito del sol", music by a certain A. Cacace whose name reveals Neapolitan origin. This tango was highly successful in Europe.

"RAYITO DE SOL"

TANGO PARA PIANO POR A. CACACE

Editores autorizados GORNATTI Hos. Nicaragua 4975
Hecho el depósito que marca la Ley Depositado de acuerdo
con la Ley 7002

0.70

LETRA DE JG

1926 ITALIA

"PASSIONE MADRILENA" - Tango - Musica di R. Stocchetti - Versi di B. Cherubini - Casa Editrice C.A. Bixio. Per quanto il disegno della copertina non sia entusiasmante, è tipico di quell'epoca.
Il tango veniva eseguito e ballato con un certo entusiasmo e passione.

1926 Italy. "Passione Madrilena", Tango. Music by R. Stocchetti, words by B. Cherubini, published by C.A. Bixio. The cover design is not particularly inspiring, but it is typical of the period.
The tango was performed and danced with great enthusiasm and passion.

mentre lontan risuona
la dolce nenia delle Madrilene ...
stretta fra le mie braccia
dovrai ripetermi: "Ti voglio bene".

1926 GERMANIA

"ADIEU MIMI' ". Shimmy dall'operetta omonima. Composta dal grande musicista Rolph Benatzky. Le musiche come questa di sapore ungherese incantavano le ragazze di provincia per i loro languidi contenuti.

1926 Germany. "Adieu Mimi". Shimmy from the operetta of the same name. Music by the great composer Rolph Benatzky. The music, such as this piece of Hungarian flavour, enchanted the girls of the province with its sentimentality.

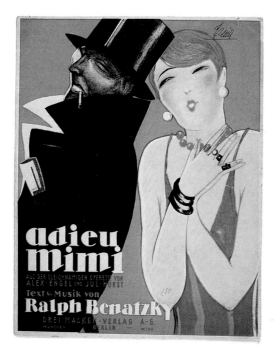

1926 FRANCIA

"LE BLACK BOTTOM". Musica del compositore americano Ray Henderson.

Venne introdotto un nuovo modo di ballare che persiste tuttora nella danza di oggi.

La musica contiene la "teoria ufficiale" per una perfetta esecuzione del ballo. Tra i vari interpreti di questa musica figura il nostro Spadaro.

1926 France. "Le Black Bottom". Music by the American composer Ray Henderson. A new way of dancing was introduced, which still persists in modern dancing.
The music contains the "official theory" for perfect performance of the dance. One of the performers of this music was Italy's Spadaro.

81

1926 FRANCIA

"WHO?" dall'operetta "Sunny" composta dal grande musicista americano Jérome Kern.
Non poteva mancare il successo internazionale, e non poteva mancare tale musica nei salotti bene italiani.

Who stole my heart away?
Who makes me dream all day?

Si avverte un pizzico di rag-time, ormai lontano, nella composizione musicale.

1926 France. *"Who?" from the operetta "Sunny" written by the great American composer Jérome Kern. It could not fail to be an international hit and such a piece of music was an essential item for the drawing-rooms of well-to-do Italians.*

There is a hint of rag-time (by then long past) in the musical composition.

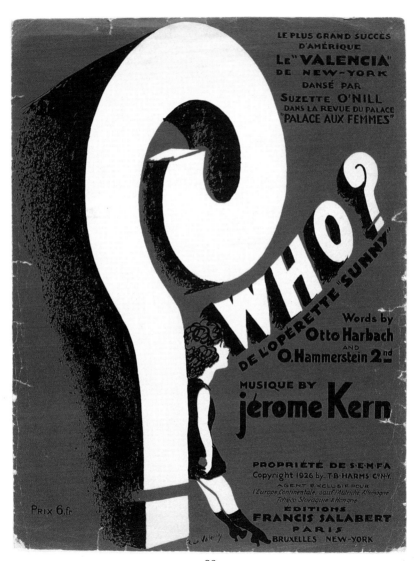

1926 ITALIA

"FOX delle GEMME". di V. Mascheroni con copertina orientaleggiante.

1926 Italy. "Fox delle Gemme" by V. Mascheroni, a cover with an oriental flavour.

Fox della gemme
supertrionfante fox di grandi
sale
che scandisci il raggiar dei
brillanti
mentre accendi le pupilla
agli amanti.

1926 ITALIA

"GIGOLETTE! GIGOLETTE!" è una copertina di RAMO felice e piacevole.

Il pezzo è tratto dall'operetta "GIGOLETTE" di Carlo Lombardo e Giovacchino Forzano, noto commediografo che si è prestato ad un compito per lui curioso.

La musica è di Franz Lehar.

O Gigolette, O Gigolette
Pure al tuo cuore l'amore parlò
Lasciati amare, schiudi il tuo cuore.
Il mondo bello di più ti parrà

1926 Italy. Gigolette! Gigolette! This is a pleasant and attractive cover by Ramo. The piece is from the operetta "Gigolette" by Carlo Lombardo and Giovacchino Forzano, a well-known comedy writer who in this work was experimenting with an unaccustomed medium. Music by Franz Lehar.

1927 AUSTRIA

"TRINK UND SHLIESS DIE AUGEN ZU!". "Bevi e chiudi gli occhi!" un canto e blues, musica di R. Erwin. Stupenda copertina di gusto mittel-Europa.

1927 Austria. "Trink und schliess die Augen zu!" - "Drink and close your eyes", a song and blues. Music by R. Erwin. A lovely cover of central-European taste.

FRANCIA - USA

"AIN'T SHE SWEET", musica americana che ebbe successo per lunghi anni e veniva canticchiata dalle ragazzine 'snob' in Italia.

Ain't she sweet
See her coming down the street
Now I ask you very confidentially
Ain't she sweet?

1927 France, U.S.A. *"Ain't she sweet?", American music which was a hit for many years, sung by the young and snobbish girls in Italy.*

1927 FRANCIA

"RAMONA", musica americana, motivo conduttore del film omonimo, uno dei primi sonori. Fu un successo mondiale non del tutto dimenticato:

Ramona, J hear the mission bells above
Ramona, They are ringing out our song of love
J press you, caresse you.........

1927 France. *"Ramona", American music, and the theme song of the film of the same name, one of the first with sound track. It was a world-wide hit and has not been entirely forgotten.*

"SAG DU, SAG DU, ZU MIR" (Parlami). Un blues del grande compositore di musica leggera Robert Stolz. Si respira il clima di "Lola-Lola" interpretata da Marlene Dietrich che le signorine borghesi invidiavano senza alcuna riserva.

1927 Germany. "Sag Du, sag Du, zu Mir" (Speak to me). A blues by the great light-music composer Robert Stolz. It recalls the atmosphere of "Lola-Lola" sung by Marlene Dietrich, the envy of all middle-class ladies.

1927 ITALIA

"MINIERA" Tango famosissimo di C.A. Bixio, versi di B. Cherubini. Copertina del disegnatore Manca, caricaturista del Guerin Meschino, giornale di Milano.

Cielo di stelle, cielo color del mare
tu sei lo stesso ciel del mio casolare
Portami in sogno verso la Patria mia
Portale un cuor che muore di nostalgia

1927 Italy. *"Miniera" (Mine). Famous tango by C.A. Bixio, with words by B. Cherubini. Cover by the designer Manca, caricaturist for the Milanese newspaper "Guerin Meschino".*

1927 ITALIA

"LUCCIOLE VAGABONDE" one-step di Bixio su versi di Cherubini, molto indovinati e che si ricordano ancora.

"Noi siam come le lucciole
brilliamo nelle tenebre
schiave di un mondo brutale
Noi siam i fior del mal

1927 Italy. "Lucciole vagabonde" (Wandering Fireflies). One-step with music by Bixio and words by Cherubini: very successful and still remembered today.

1928 FRANCIA

"CHIQUITA", valzer lento allora molto noto ed ancora ricordato.
Questa musica come altre dell'epoca ha sopra il rigo musicale un diagramma digitale per suonare l'Ukulele, chitarrino esotico del Pacifico, insignificante.

1928 France. "Chiquita", a slow waltz that was much performed in its day, and it is still remembered today. This music, typically of the period, is fingered above the stave for the ukelele, the exotic and miniscule Pacific guitar.

1928 ITALIA

"APPASSIONATAMENTE" valzer-intermezzo, musica di Dino Rulli, forse la più bella da lui composta tra le innumerevoli; divenne colonna sonora di sottofondo, addirittura il motivo conduttore di un grande film americano

Perdutamente sul mio cuor
mentr'io respiro il tuo tremor,
rimani così,
sbiancata sei qui,
mio tenero amor, mio folle amor.

1928 Italy. "Appassionatamente", a waltz-intermezzo composed by Dino Rulli, perhaps the best of his many compositions. It was chosen as background and theme music for a great American film.

1928 ITALIA

"FRAGOLA" canzone black-bottom, musica di V. Mascheroni, versi di Luciano Ramo; Editore Carisch.
Ebbe grande successo tra i giovani che sovente la cantavano

Fragola
se l'ora scocca
Fragola
mi dai la bocca
Fremito di gioventù
non c'è tesoro, no
che valga di più

1928 Italy. *"Fragola" (Strawberry), a black bottom song,*
with music by V. Mascheroni, words by Luciano Ramo,
published by Carisch.
It was a great hit amongst the young, who often used to
sing it.

Fragola

a Donna Maria Siloldi Garneti

CANZONE BLACK-BOTTOM

MUSICA DI **VITTORIO MASCHERONI**
VERSI DI **LUCIANO RAMO**

Proprietà degli Editori per tutti i paesi
A.&G. CARISCH & C.
MILANO 1928

£. 6.

N° 15586
PRINTED IN ITALY

IMPRIMÉ EN ITALIE

97

1928 ITALIA

Le donne di "ZA-BUM", One step di V. Mascheroni.
Za-Bum era uno spettacolo che si dava a Milano, molto
osé e con soubrettine ben scelte e poco vestite.

La sera lo champagne scorre a fium
con le donnine belle di Za Bum
e qualche volta levano il costum
le belle Zabumine di Za Bum.

1928 Italy. *Women of the "Za-Bum", a one-step by V.*
Mascheroni.
Za-Bum was a very daring show on in Milan, with scanti-
ly dressed and carefully chosen artistes.

1928 ITALIA

"NAJA" un tango che appassionò ragazze e signorine prese dal fascino della musica e dal vortice della passione!

Prendimi il cuor distruggilo
Naja, Naja
Come un serpente tu
mi avvinci sempre più!
Baciami, baciami, baciami
sempre....così.

Dopo il successo di questo Tango capitò che molte bimbe furono battezzate "Naja".

1928 Italy. *"Naja!", a tango which excited both young girls and women gripped by the fascination of the music and the whirlwind of passion!*

Many babies were baptized with the name "Naja" after the success of this tango.

1928 ITALIA

"RE DI CUORI", un tango, diremo, appassionato di Lao-Schor:

Tabarin,
tu sei il mio regno d'or
per te
io sono il "Re di cuori".

1928 Italy. *"Re di Cuori" (King of Hearts), a somewhat emotional tango by Lao-Schor.*

1928 ITALIA

"TANGO DELLE CAPINERE" - Tango di C.A. Bixio indimenticabile per le sue parole canticchiate milioni di volte.

Laggiù nell'Arizzona
terre di sogni e di chimere
se una chitarra suona
cantano mille capinere....

.....

A mezzanotte va
la ronda del piacere
e nell'oscurità
ognuno vuol godere...
Son baci di passion,
l'amor non sa tacere...
E' questa la canzon
di mille capinere...

1928 Italy. *"Tango delle Capinere" (Tango of the blackcaps). Tango by C.A. Bixio, unforgettable for its words which have been sung a million times over.*

1929 ITALIA

"BALOCCHI E PROFUMI". Tango che ebbe grande diffusione e non è stato mai dimenticato per le parole di contenuto abbastanza curioso. Versi e musica di E.A. Mario.

Mamma, mormora la piccina
mentre pieni di pianto ha gli occhi
per la tua piccolina
non compri mai balocchi
mamma, tu compri soltanto
profumi per te.

Quando la cantava Dino Franzi singhiozzava per davvero e molti ascoltatori avevano i "lucciconi" agli occhi.

1929 Italy. "Balocchi e profumi" (Toys and perfumes). A very popular tango that was never forgotten for its words of somewhat unusual content. When Dino Franzi used to sing it he really wept and many listeners found themselves with handkerchieves in hand. Music and words by E.A. Mario.

BALOCCHI E PROFUMI

TANGO

Versi e Musica di E. A. MARIO

Prezzo Lire SEI

CASA EDITRICE MUSICALE
— E. A. MARIO —
NAPOLI MILANO
Via V. E. Orlando, 3 Piazza del Duomo, 23
Tel. 21-024 Tel. 86777

Catalogo 865

Printed in Italy

1929 ITALIA

"CHIUDI GLI OCCHI ROSITA", anche questo tango fece parlare di sé a lungo. I versi di Cherubini per la musica di Marf rimasero famosi:

La tua bocca mi invita
ogni bacio ha il profumo di un fior
chiudi gli occhi Rosita
solo questo è l'amor!

1929 Italy. *"Chiudi gli occhi Rosita" (Close your eyes, Rosita). This tango also enjoyed widespread notoriety. The words by Cherubini set to music by Marf have remained famous.*

1929 ITALIA

"COME UNA SIGARETTA", musica di V. Mascheroni, versi di Mendes - tango.

Basta una piccola scintilla, perché
S'accenda tutta di passion per te.
...come una sigaretta
che in fumo se ne va!

1929 Italy. *"Come una sigaretta" (like a cigarette), music by V. Mascheroni, words by Mendes. A tango.*

1929 ITALIA

"SERENATA MALANDRINA" Canzone-Tango di E. Rusconi su versi di Cherubini, Bixio Editore.

Amiamoci Marì,
che tanto anche così
la vita è bella....
Se splendor non c'è,
solo tu "Gigolè"
Brilli più di una stella....

La copertina è del famoso disegnatore Umberto Onorato autore di caricature piacevoli di attori ed attrici ed illustratore del Travaso delle Idee di Roma.

1929. Italy. "Serenata malandrina" (Bewitching Serenade). Tango song by E. Rusconi to the words of Cherubini, published by Bixio. The cover is by the famous designer Umberto Onorato, who drew many amusing caricatures of actors and actresses, and was illustrator of Travaso delle Idee of Rome.

1929 ITALIA

"LO STUDENTE PASSA" versi di Chiappo, musica di J.C. Ibanez.

Ebbe moltissime edizioni e quindi un enorme successo. In quegli anni la goliardia era una cosa alla quale si credeva.

1929 Italy. "Lo studente passa" (the student passes), words by Chiappo, music by J.C. Ibanez. It was printed in many editions and therefore was a great hit. In those days, the university spirit was of great importance.

Primavera baciata dal sole
vi è nei prati il profumo delle viole
sotto il pesco tutto in fiore
si sussurrano l'amore
Lo studente e la sartina
Biricchina

"MADONNA BRUNA" di V. Mascheroni sempre in auge, parole di Mendes rimaste famose

Bruna
come fa la luna
nella notte bruna
che non dà calor
Bruna
Non ce n'è nessuna
che ti assomigli......

1929 Italy. *"Madonna bruna", by V. Mascheroni, always a popular composer, words by Mendes which were to remain famous.*

1929 ITALIA

"MARUSKA" dal film omonimo.
Uno dei primi successi di musica da film scritta da Dino Rulli dedicata a Dolores del Rio, attrice.
Si deceva che portasse jella! La musica comunque è molto bella:

Da quando i miei occhi ti videro
quella promessa desidero.
È nulla v'è al mondo che valga di più!
La mia vita sei tu.

1929 Italy. *"Maruska" from the film of the same name. One of the first successes in film music composed by Dino Rulli, and dedicated to Dolores del Rio, the actress. It was said to have brought bad luck. The music, however, is very beautiful.*

1929 ITALIA

"PICCADILLY" fox-trot. La copertina di Marotta è veramente indovinata.

Piccadilly, Piccadilly
Paradiso d'illusion
Quei begli occhi son zampilli
di maliarda seduzion.....

1929 Italy. "Piccadilly" fox-trot. The cover by Marotta is just right.

1929 ITALIA

"TANGO APPASSIONATO". La copertina è certamente indovinata. Musica di Di Lazzaro su versi di V. Cherubini

Fatal tango di passion
Fatal tango d'illusion
Fu l'ebrezza di un momento
or non sei che il mio tormento

1929 Italy. *"Tango appassionato". The cover is certainly most appropriate.*
Music by Di Lazzaro to the words of V. Cherubini.

1930 ITALIA

"TE QUIERO", tango per pianoforte senza parole di Raffaele Stocchetti.

La casa Ricordi stampava solo musiche di prestigio con copertine eleganti e ben disegnate.

1930 Italy. "Te Quiero", tango without words composed for the piano by Raffaele Stocchetti. Ricordi only published reputable music with smart and well-designed covers.

TE QUIERO

(TI DESIDERO)

TANGO PER PIANOFORTE
DI
RAFFAELE STOCCHETTI

121580   1930   (A) Lire 5.—

G. RICORDI & C.
MILANO

ROMA - NAPOLI - PALERMO
LEIPZIG - BUENOS AIRES - S. PAULO
PARIS: Soc. Anon. des EDITIONS RICORDI
LONDON: G. RICORDI & Co., (London) Ltd.
NEW YORK: G. RICORDI & Co., Inc.

1930 ITALIA

"TANGO DELLA GELOSIA" - Musica di V. Mascheroni, parole di Peppino Mendes, Editore Carisch. Interessante la donna contesa tra i due uomini; i versi sono molto "osé".

No! Non è la gelosia...
ma è la passione mia!
Quando ti guardano gli altri, io fremo, perché,
la tua bellezza la voglio soltanto per me!

1930 Italy. "Tango della gelosia" (jealousy tango). Music by V. Mascheroni, words by Peppino Mendes, published by Carisch.
It's interesting the woman contested by two men; the verses are very "osé".

TANGO della GELOSIA

MUSICA DI VITTORIO MASCHERONI
VERSI DI PEPPINO MENDES

N° 16179 PER PIANOFORTE CON TESTO	L. 6.– E	
N° 16040 PER CANTO O MANDOLINO SOLO	L. 1,50.– B	
N° 16307 PER PICCOLA ORCHESTRA	L. 6.– B	

PROPRIETÀ DEGLI EDITORI PER TUTTI I PAESI

A & G. CARISCH & C.

MILANO - 1930 -

PRINTED IN ITALY   IMPRIMÉ EN ITALIE

1934 FRANCIA

"HAITI". Slow-Fox cantato.
Musica della colonna sonora del film ZOU-ZOU creata da Josephine Baker e da lei cantata con molta nostalgia.

1934 France. "Haiti". Slow fox-trot with words. Music from the sound track of the film Zou-Zou, written by Josephine Baker and sung by her with a great deal of nostalgia.

1935 ITALIA-USA

"CONTINENTALE" musica di Con Conrad dal film "The Gay Divorcee".
Un nuovo ritmo per una nuova danza: il "continental".
L'editore Ricordi è presente con le sue tradizionali qualità e scelte delle illustrazioni

1935 Italy, U.S.A. "Continentale", music by Con Conrad, from the film "The Gay Divorcee". A new rhythm for a new dance: the "Continental".
The publisher Ricordi maintains its traditional standards of quality and choice of illustrations.

CONTINENTALE

PER CANTO E PIANOFORTE

VERSI DI ENRICO FRATI

MUSICA DI CON CONRAD

DAL FILM R.K.O. "THE GAY DIVORCEE"

123417 (A) Lire 5.-

1935

G. RICORDI & C.

MILANO

ROMA · NAPOLI · PALERMO

(Printed in Italy)   (Imprimé en Italie)

DAL 1900... IN AVANTI
ITALIA

CANZONI NAPOLETANE

"Maria Marì" "I' te vurria vasà" "O sole mio" di E. di Capua", "Torna a Surriento" di E. De Curtis.

Canzoni senza età, l'editore F. Bideri di Napoli ha ripreso le musiche per lustri e lustri senza mai variare le copertine originali.

Si sono sempre vendute e cantate in tutto il mondo.

"MARIA MARÌ"

Ah, Maria, Marì!
Quanta suonno ca perdo pe'te!
Famm'addurmì
abbracciato nu poco cu te!

TORNA A SURRIENTO

Vide'o mare quant'è bello!
Spira tantu sentimento,
Comme tu a chi tiene mente,
Ca scetato 'o faie sunnà.

I'TE VURRIA VASÀ"

I' te vurria vasà...
Ma 'o core nun m"o ddice 'e te scetà.
I me vurria addurmì
Vicino 'o sciato tujo
N'ora pur'i'.

From 1900 on Italy. Neapolitan songs.
"Maria Marì", "I'te vurria vasà", "O sole mio", by E. di Capua. "Torna a Surriento" by E. De Curtis.

F. Bideri of Naples published the music of these timeless songs for years and years without ever modifying the original covers.

A Fernando De Lucia

Maria Mari!

VERSI di

Vincenzo Russo

MUSICA di

E. Di Capua

PREMIATO STABILIMENTO F. BIDERI

EDITORE-STAMPATORE

NAPOLI — S. Pietro a Majella, 17 - Telef. 22147   N. 219

DEPOSITO ROMA-TORINO-VENEZIA-MILANO-PALERMO-FIRENZE-BOLOGNA-BARI
PARIGI - LONDRA - TRIESTE - STOCKHOLM

Deposito a norma dei trattati contemporanei. — Proprietà per tutti i paesi.
Tutti i diritti di riproduzione, di esecuz, di traduz, e di trascriz, sono riservati.

(Printed in Italy)

Proprietà letteraria riservata - Copyright by CASA EDITRICE F. BIDERI - Napoli.

UN PO' DI STORIA

Sin dagli inizi dell'ottocento e per tutto il secolo la musica o, diremo meglio, la conoscenza e l'amore per la musica, coinvolsero un numero sempre crescente di persone. In seno a tale evoluzione, assistita da elevate qualità artistiche che tutti conosciamo per i grandi nomi che la resero possibile, si manifestò un nuovo genere di musica che fu definita "leggera".

Molto attenta a non cadere nel troppo popolare, voleva essere alla portata di tutti per divertire, allietare i salotti ed invitare alle danze.

Fu una netta evoluzione rispetto alle antiche canzoni, alle romanze dell'opera lirica, ai lieder tedeschi ed a quanto composero i musicisti romantici seri.

Comparvero suonate e suonatine senza parole, canzoni, canzonette, romanze, pezzi caratteristici e musiche da ballo composte per pianoforte solo e per canto e pianoforte.

Tutta questa carta musicale ad un certo momento incominciò ad abbellirsi di una copertina illustrata.

Noi cercheremo di capire le motivazioni dell'evento con particolare attenzione al

---

A LITTLE HISTORY

Right from the beginning of the 19th century and through to its end, music, or rather the knowledge and love of music, involved an increasing number of people. During this evolution, backed up by high artistic standards that have become commonplace as a result of the great names concerned, a new kind of music has emerged: that which was defined as 'light music'.

Though light, much care was taken in order for it not to become too popular. It was there for everybody's amusement, to liven up the drawing room and invoke a mood for dancing.

It represented a clear-cut evolution with respect to the songs of old, the romances of lyric opera, German lieder and the works of the serious romantic composers. Settings without words, ballads, popular songs, romances, characteristic pieces and dance music for piano solo and for voice and piano made their appearance. At a certain point, these sheets of music began to be embellished by an illustrated cover.

We shall try to understand the reasons for this, with regard especially to dance mu-

"ballabile" ed alle "canzonette". Vedremo il suo affermarsi, l'ascesa e la fatale decadenza.

La data certa di un primo documento non la si conosce: ci fu una lenta e graduale evoluzione che prese l'avvio nella seconda metà dell'ottocento e che all'inizio si limitò a fregiare le copertine delle musiche di disegni molto semplici in bianco e nero, decorativi, con fiori stilizzati, paesaggi e talvolta con qualche ritratto.

La carta musicale stampata, che aveva mosso i primi passi faticosi all'inizio del '500, per almeno tre secoli non aveva sentito la benché minima necessità di darsi una immagine visiva. Gli editori migliori come Peter's di Lipsia e Ricordi di Milano tra il sette e l'ottocento studiarono di dare un aspetto decorativo dignitoso ai frontespizi delle musiche del loro repertorio con caratteri ricercati, con fregi, svolazzi, immagini stilizzate, capitelli, frontoni, statue e cariatidi.

Sempre dall'800 ci fu chi pensò di arricchire certe edizioni di spartiti d'opera per pianoforte con copertine immaginifiche, le stesse che venivano usate per i libretti, che richiamassero il contenuto drammatico e scenografico del melodramma.

Rimase un fenomeno marginale. Nel frattempo era nata l'"operetta" che per la frivolezza del soggetto e del contenuto scenico avrebbe meritato per i suoi spartiti o per i pezzi scelti una illustrazione accattivante della copertina.

---

sic and popular songs. In doing so, we shall see their affirmation, rise and fatal decline. The exact date of the first illustrated sheet is not known: it was a slow and gradual evolution which began in the second half of the 19th century, and at first it was limited to decorating the covers of the music with very plain black and white designs, with stylized flowers, landscapes and sometimes portraits.

Printed music in fact made its first tentative appearance at the beginning of the 16th century, and for at least three centuries it survived happily without any kind of visual image. In the 18th and 19th centuries, the best publishers, such as Peter's of Leipzig and Ricordi of Milan, sought to give a decorative, dignified aspect to the front cover of the music in their cataloges, with elegant lettering, decoration, flourishes, stylized images, capitals, headings, statues and caryatids.

Though in the 18th century, someone evidently had the idea of producing economic editions of operatic scores arranged for the piano with figurative covers, similar to those used for the librettos recalling the dramatic and scenic contents of the melodrama, it remained a minor phenomenon. In the meantime, 'operetta' was born which, on account of the triviality of the subject and scenic content, really would have deserved a strikingly-illustrated cover for its scores or selections.

This certainly occurred, but at first in a fairly calm and limited fashion. Scores for

Certamente ciò avvenne, ma, all'inizio in mondo assai tranquillo e limitato.

Si trovano spartiti d'epoca di operette brillantissime della Belle Epoque come quelle di Offenbach con copertine ornate di qualche fregio e, se mai, di un medaglione col ritratto del musicista.

Si deve quindi concludere che la necessità di dare alla musica per pianoforte una copertina illustrata a colori vivaci e con figure attraenti che in qualche modo richiamassero il contenuto musicale, si manifestò per altri fattori che possiamo definire economici e commerciali.

La musica illustrata

La musica illustrata si vendeva meglio. Ma a chi? Nella risposta sta la soluzione della nostra indagine. Nella seconda metà dell'ottocento la borghesia si era venuta arricchendo e faceva di tutto per ben figurare ed apparire mondana e sensibile alle arti e alle sue novità tra le pareti domestiche.

Proprio in tale mutata situazione sociale si formò una nuova categoria di esecutori musicali al pianoforte e quindi compratori di carta musicale.

Il pianoforte era entrato in molte case borghesi dove il "dilettante" si metteva a suonare per intrattenere i famigliari ed amici e per conquistare le simpatie di fan-

---

the brilliant operettas of the Belle Epoque, such as those by Offenbach, have ornate covers with some decoration or perhaps with a medal portraying the composer. Thus it must be assumed that the need to give piano music a brightly coloured, illustrated cover with attractive figures which in some way recall the musical content, appeared for other reasons. These can be defined as economic and commercial.
Illustrated music.

Illustrated music sold more. But to whom? In the reply lies the key to this study. During the second half of the 19th century, the middle classes emerged, striving to become rich and willing to do anything to shine in society, appearing worldly as well as sensitive to the arts and its novelties, in their own homes as well as outside. This situation gave rise to a new category of piano players, and therefore forged new purchasers of printed music.

The piano entered the homes of middle class families where the 'amateur' bagan to play to entertain family and friends, hoping to conquer the hearts of romantic young ladies who remained enraptured and better disposed to amorous approaches. Each age has its own methods of seduction!

The female sex was not to be outdone. The ladies surpassed men, distinguishing themselves in the frivolous activity of strumming away on the keys: this new and

ciulle romantiche che restavano incantate e meglio disposte agli approcci amorosi. Ogni epoca ha i suoi metodi di seduzione.

Il sesso femminile non fu da meno, anzi, le donne superarono gli uomini e si distinsero nell'attività frivoleggiante dello "strimpellare"; un nuovo verbo vagamente dispregiativo, per indicare un modo di suonare ben differente di quello delle esecuzioni perfette e seriose di musicisti e pianisti veri che un tempo, solo loro, si permettevano di suonare. L'epoca delle appassionate esecuzioni di Chopin nei salotti, non borghesi, di Parigi, era ormai molto lontana.

Tutte le ragazze di buona famiglia venivano avviate allo studio del pianoforte e, nelle intenzioni, dovevano arrivare ad eseguire degnamente musica seria e classica. Pochissime ci arrivavano. Moltissime si arrestavano entro i limiti della musica leggera alla moda, della canzone, della romanza facile da salotto e di tutto ciò che si poteva ascoltare senza ambasce e, soprattutto, che invogliava a ballare.

Il piacevole e multicolore stuolo di fanciulle, signorine, fidanzate, spose novelle da Londra a Roma, da Parigi a Mosca, veniva più facilmente attratto da una bella copertina illustrata che sfacciatamente si imponeva nelle vetrine dei negozi lasciando in ombra le musiche serie.

Vanto della giovane esecutrice era di essere la prima a suonare le musiche appena

---

somewhat disparaging term indicated a way of playing that was very different from the perfect and serious performances of true musicians and pianists who, once upon a time, were the only people permitted to play. The epoch of the passionate performances of Chopin in the upper class drawing-rooms (certainly not amongst the bourgeoisie) of Paris had long since been forgotten.

All daughters of well-to-do families were made to study the piano, and with the good intentions of reaching acceptable levels in the performance of serious and classical music. Only a very few reached that level. Many stopped at a point where they could play light and fashionable music, songs, easy drawing room romances and any music which could be listened to without effort, and which, above all, made people want to get up and dance.

The pleasant, multi-coloured swarms of girls, young ladies, fiancées, new brides from London to Rome, from Paris to Moscow, were more easily attracted by a beautiful illustrated cover which shamelessly commanded attention in shop windows, leaving the serious music in the shade.

The boast of the young player became that of being the first to play the new piece as soon as possible after it came out, whether the music itself was good or mediocre. The publishers were well aware of this.

uscite, buone o mediocri che fossero. E gli editori lo sapevano bene.

Possiamo tranquillamente affermare che i ballabili e le canzonette per pianoforte illustrati nacquero, si diffusero ed ebbero successo per la donna. E in due modi: per compiacerla, lusingarla ed attrarla se eseguita dall'uomo, per soddisfarla, elevarla e farla sentire "à la page" se eseguita da lei stessa.

Sonia Wolconsky

Sfogliamo degli albums riccamente rilegati in marocchino rosso con una corona principesca incisa e le iniziali S.W.

Gli albums di Sonia Wolconsky, non proprio borghesuccia, comprendono una ricca raccolta di musiche dove, tra i notturni di Chopin, le sonate di Beethoven, i lieder di Schumann e di Schubert, predominano i valzer di tutti gli Strauss, gli estratti di operette di Léhar e di Kalman, le polke e le mazurche che si suonavano a Vienna e a Parigi, qualche romanza di Tosti, qualche canzone napoletana e tanta, tantissima musica leggera da cantare e ballare. Qualche copertina tra le più frivole della raccolta della principessa Sonia è stata riprodotta in questa rassegna.

La principessa, fuggita dalla Russia nel 1917, noi l'abbiamo sentita suonare il pianoforte ormai ottantenne con le dita indurite dall'artrite ma tutta piena di voglia

---

We can safely say that illustrated dance music and popular songs arranged for the piano were born, published and became successful for one reason alone: ladies. This was true in two ways: to please, entice and attract them when the music was played by men, and to satisfy, uplift and make her feel 'à la page' when she herself played.

Sonia Wolkonsky.

We have leafed through the richly bound red morocco albums engraved with the royal crown and the initial 'S.W.'.

Sonia Wolkonsky's albums, not at all popular middle class, comprise a splendid collection of music which, as well as including Chopin's nocturnes, Beethoven's sonatas, the lieder of Schumann and Schubert, give pride of place to the waltzes of all the Strauss family, extracts from operettas by Léhar and Kalman, polkas and mazurkas played in Vienna and Paris, some romances by Tosti, a few Neapolitan songs, and many, very many pieces of light music to be sung and danced to. Some of the most frivolous covers in Princess Sonia's collection have been reproduced in this review.

We have listened to the Princess, who fled from Russia in 1917, playing the piano,

e commozione per la musica della sua giovinezza.

Questo è solo un esempio, una delle tante prove dell'origine e del prosperare dell'interessante avvenimento musicale e grafico.

Per questa volta in una Russia tutta tesa ed attenta all'occidente e dove le signorinelle aspettavano con ansia le musiche in arrivo da Parigi, Londra, New York, Milano, Napoli, Vienna per farle ascoltare agli ufficialetti della Guardia Imperiale e ad una "Jeunnesse doré" certamente più ballerina che intellettuale . La musica leggera illustrata si imporrà in tutto il mondo occidentale e, prendendo diverse strade secondo gli ambienti e le motivazioni dei singoli paesi, cambierà e si rinnoverà col trascorrere degli anni. Lo vedremo in un crescendo fino a divenire fiorentissima durante i primi vent'anni del nostro secolo. A partire dagli anni '30 inizierà il suo fatale declino.

Il declino

Le ragioni sono evidentissime: il pianoforte si suonava in casa perché i primi fonografi con la loro scarsa affidabilità e fedeltà non costituivano una valida alternativa. I più evoluti grammofoni che seguirono erano sempre di scarsa soddisfazione. All'inizio del secolo non vi era musica riprodotta accettabile. Un unico sistema eb-

---

by now 80 years old with fingers stiff from arthritis, but she is still overflowing with enthusiasm and emotion for the music of her younger days. This is just one example, one of the many documents illustrating the origin and success of the fashion, of both musical and graphic interest.

It shows us a Russia eager and open to the West, with young ladies that anxiously awaited music from Paris, London, New York, Milan, Naples and Vienna in order to play it to the young officers of the Imperial Guard and to a 'Jeunesse Doéee' more interested in enjoyment than in intellectualism. Illustrated light music caught the attention of the entire Western world. It developed in many different directions according to the environments and climates of the various countries. It was to change and to be renewed with the passing years. It grew in a crescendo up to its extraordinary flourishing during the first twenty years of our century. The 1930's saw the start of its fatal decline.

The decline.

The reasons are obvious. The piano was played in the home because the first phonographs with their poor reliability and fidelity were not valid alternatives. The more highly developed gramophones which followed were not particularly satisfactory.

be qualche successo: il "rullo" di carta forata che si inseriva nella cosiddetta "pianola", un pianoforte meccanico.

Ma le persone appena appena sensibili alla musica disdegnavano tale surrogato che lasciavano volentieri ai luoghi pubblici più o meno alla buona, ai primi cinematografi ed alla comunità di gusti poco esigenti.

Quando agli inizi degli anni trenta comparvero i grammofoni elettrici con valvole termoioniche e si diffuse in tutte le case l'apparecchio radio, allora le cose cambiarono ed il grande flusso di musica leggera illustrata mostrò i primi sintomi di rallentamento.

Scorrendo attentamente e con spirito critico una raccolta di musiche leggere si avverte, sin dagli inizi degli anni trenta, una certa decadenza nella qualità e nello spirito della copertina che non si preoccupano più di piacere ad un pubblico di ambo i sessi che ormai compra ed ascolta per lo più dischi.

Dopo la seconda guerra il microsolco a 45 e 33 giri, le radioline, i nastri, la filodiffusione e la televisione chiusero definitivamente il capitolo delle musiche illustrate per pianoforte di cui abbiamo quindi visto il nascere, l'apogeo, il declino e la fine. Se ne stampano ancora, beninteso, con disponibilità ed assortimento limitati.

La musica da ballo si stampa per i complessi musicali, ma i migliori esecutori, quelli

---

At the beginning of the 20th century there was no acceptable reproduced music. Only one system had some success: the 'roll' of perforated paper which was inserted into the so-called 'pianola', a mechanical piano.

But a person with even a minimum of feeling for music disdained such a surrogate which they willingly left to the unpretentious music halls, the first cinema palaces, and the community at large with undemanding tastes.

When electric gramophones fitted with thermionic valves began to make their appearance in the early Thirties, and radio sets came into all homes, the situation changed and the large flow of illustrated light music began to show the first symptoms of decline.

A careful and critical look at the collection of light music makes one realize that from the beginning of the Thirties there was a certain drop in quality of the cover, which was no longer concerned with pleasing a public of both sexes. This public was by now purchasing and playing gramophone records more and more.

After the Second World War, extended-play and long-playing records, portable radios, tape recorders, cable radio broadcasting and television put a definitive end to the chapter of illustrated light music for the piano. So we have seen its birth, culmination, decline and end.

che riempiono persino gli stadi, hanno la "loro" musica ed i loro arrangiamenti. Se la scrivono, se mai, per sé; se la imparano e non la usano in pubblico.

C'è poi l'uso diffuso delle fotocopie facili che ha ridotto le vendite e scoraggia gli editori a stampare musica leggera.

Le parole

Non possiamo dimenticare il contenuto "poetico" delle canzonette e dei ballabili: pensiamo alle parole che quasi sempre accompagnano la musica leggera.

È chiaro che di "poesia" non si può neppure parlare, tuttavia quelle parole ci piacciono e ci soddisfano.

Il fenomeno è curioso e meriterebbe lo studio di psicologi che dai contenuti e dal grado di futilità di certi versi potrebbero capire molte cose e mettere una piccola tessera in più nel mosaico della società e dei gusti differenziati delle varie epoche, a noi vicine, ma ormai lontanissime.

In fondo ci stanno benissimo quelle parole ciascuna con la propria musica e la loro futilità; d'altra parte non sono peggio di quelle di certi libretti d'opera. Il "Balen del tuo sorriso" e "Sento l'orma dei passi spietati" sfigurano proprio accanto a "Cantano mille capinere" e "Fragola, se l'ora scocca, Fragola dammi la bocca!"

If this type of music is still printed today, naturally it is limited in availability and assortment.

Dance music is printed for dance bands or groups, but the best performers who fill the stadiums have their own music and arrangements. If they write music, they write it for themselves: they then learn learn it by memory and do not use it during public performance.

Then there is the widespread use of easy photocopiers which reduces sales, discouraging publishers from printing light music.

The words.

The poetic content of the popular songs and dance music cannot be neglected: let us consider the lyrics that almost always accompany light music.

Obviously there is no way we can talk about 'poetry' as such: nevertheless, the words are pleasing and satisfying. The phenomenon is puzzling and would merit being studied by psycologists who, from the contents and degree of futility of certain verses, could understand many things and could place another tessera in the mosaic of human society. They would perhaps gain a clue as to the reasons for the differing tastes of successive ages, which may not be remote chronologically but are long

Benedette parole di canzonette cantate milioni di volte da labbra entusiaste di giovani che hanno tenuto in vita una musica, sia pur leggera, che sarebbe stata altrimenti dimenticata.

.....Chiudi gli occhi Rosita....Mamma, mormora la piccina.....Biagio adagio....Lola cosa impari a scuola....e via via all'infinito....Soave Maruska....not for just a day, but always....Valencia....

Le parole le abbiamo trascritte quando c'erano e quando lo meritavano, vale a dire quasi sempre. Parole fatte di nulla e che riempiono l'animo di nostalgia a chi non ha più vent'anni.

La documentazione della musica leggera in un sessantennio di vita, dal 1880 al 1940, è vastissima e proviene da tutti i paesi. E si deve tener conto del numero rilevante di editori grandi e piccoli, delle edizioni e riedizioni in varie lingue delle medesime canzoni, degli arrangiamenti dei pezzi scelti e dei "potpourri" (parola assolutamente fuori moda) di mille operette.

Arrivò poi l'ondata del Fox-Trot, di nuovi ritmi americani, quella enorme del Tango, del Charleston, e delle musiche dedicate a soubrettes, cantanti, attrici ed attori come Mistinguette, Josephine Baker, Anna Fougez, Nella Regini, Dolores del Rio, Caruso, Dino Franzi, Chevalier...

---

past in other senses.

The lyrics, each with its own tune, are basically futile, but nonetheless pleasing: on the other hand, they are no worse than certain opera librettos. The 'Balen del tuo sorriso' (flash of your smile) and 'Sento l'orma dei passi spietati' (I feel the footfalls of unrelenting steps) do not figure particularly well alongside the 'Cantano mille capinere' (a thousand black-caps are singing) and 'Fragola, se l'ora scocca, Fragola dammi la bocca!' (strawberry lips, if the time is right, strawberry lips give your mouth to mine!).

Happy words of popular songs sung millions of times by the enthusiastic lips of young people who have kept this light music alive, a music which otherwise would have been forgotten. ...Close your eyes, Rosita... Mummy, murmurs the child... Biagio, adagio... Lola what do you learn at school... and so on ad infinitum... Gentle mazurka... not for just a day, but always... Valencia...

We have transcribed the lyrics of sheets for music with words, and when they merited note, which is almost always. Words expressing little but nonetheless capable of instilling nostalgia into the souls of those who are no longer in their twenties. The documentation of light music has a history of some sixty years, from 1880 to 1940: it is vast and comes from many countries. One has to take into account the

Vari editori pubblicarono musiche folkloristiche, esotiche, di sapore orientale, altri diffusero nel mondo le canzonette napoletane, spagnole, sudamericane.

Infine all'inizio degli anni trenta comparvero i motivi delle colonne musicali dei films arrangiate per pianoforte: furono queste che ridiedero un po' di forza alle musiche illustrate al loro primo declinare e che rimasero quasi le sole ad essere stampate dal 1945 in avanti.

Facciamo una breve digressione. Nel secondo dopoguerra l'uso ed il piacere di illustrare la musica passa dalla copertina dello "spartitino" alla custodia del disco microsolco per il medesimo scopo commerciale e per meglio attirare i compratori in bleu-jeans ed in minigonna.

Il bello è che il nuovo gusto ed i suoi intendimenti si sono estesi all'intera musica classica sinfonica, operistica, da camera, dalla più antica sino alla dodecafonica ed oltre. Nulla di simile c'era prima della guerra del 1940. Oggi il pubblico è attratto da bellissime copertine di dischi talvolta più importanti del contenuto musicale...

Gli editori

La "Ricordi", che è un luminoso punto di riferimento dell'intera musica italiana dell'ottocento, non disdegnò di pubblicare musica leggera illustrata come abbia-

---

considerable number of publishers, both great and small, editions and re-editions in the various languages of the same songs, the arrangements of selected pieces and pot-pourris (a word completely obsolete nowadays) of innumerable operettas.

Then we have the surge of fox-trots, new American rhythms, the onrush of the tango, the Charleston, and music dedicated to artistes, singers, actresses and actors such as Mistinguette, Josephine Baker, Anna Fougez, Nella Rigini, Dolores del Rio, Caruso, Dino Franzi, Chevalier and many others.

Various publishers haves printed folkmusic, exotic music, music of oriental flavour, while others have covered the world of Neapolitan, Spanish and South American songs. Lastly, in the early Thirties, there appeared the themes of film music arranged for the piano. These gave a boost to illustrated music during its first years of decline, and they were almost the only sheets to be printed from 1945 onwards.

We shall digress for a moment. During the Second World War the habit and pleasure of illustrating music was transferred from the cover of the score to the dust jackets of E.P. or L.P. records, for the same commercial purpose: to attract greater attention of the buyers, this time in jeans or mini-skirts.

The remarkable thing is that this tendency and its implications have been extended to include the entire range of classical, symphonic music, opera, chamber music,

mo potuto vedere con nostra soddisfazione.

Fu tra le prime case editrici ad offrire al pubblico le migliori musiche e le migliori copertine. Bastava il nome Ricordi a determinare il successo. Molte musiche furono stampate o divulgate nelle filiali estere, particolarmente a Parigi.

Si trattò sempre di soggetti eleganti e pacati realizzati per mano di abili disegnatori. Il loro carattere si è conservato sino ai giorni nostri.

Segue la Casa Carish che ci risulta tra le più note. Pubblicò moltissimi ballabili e canzonette di maggior successo così come la Casa editrice C.A. Bixio, i F.lli Franchi di Roma, la Carlo Lombardo, la Mascheroni, la Casa editrice la Canzonetta....

I ''parolieri'' (parola che non esisteva a quell'epoca) ed i musicisti divennero editori di se stessi. Altri editori si riservarono l'esclusiva di canzoni francesi, tedesche, americane.

La casa Bideri di Napoli si dedicò solo alle canzoni napoletane; altri ad inni patriottici e persino a canzoni fasciste. Per semplice informazione diamo qualche nome scelto a caso tra i tanti.

Questi gli editori della prima generazione: A. Buffa di Torino, Manno Manni di Firenze, F. Lucci di Milano, A. Forlivesi di Firenze, G. Gori di Torino, Eviani di Genova, A. Tedeschi di Bologna, G. Correse di Napoli, R. Fantuzzi di Milano, C.

---

from the most ancient to dodecaphonic and beyond. The situation has changed entirely with respect to the pre-war days. Nowadays the public is attracted by the novel dust jackets of the records, and sometimes they are more important than their musical content.

The publishers.

'Ricordi', a shining example and obvious point of reference for the entire Italian light music scene from the 19th century onwards, did not disdain from publishing illustrated light music as is shown by examples in this book. First amongst publishers to offer the public the best music and the most attractive covers, the name Ricordi was enough to ensure success. Much music was printed or distributed by branches abroad, especially in Paris.

The covers always had elegant and calm subjects drawn by the hands of able designers. This characteristic has lasted right up to the present. Then there is Carisch, considered as being one of the most famous publishers. It published a great number of popular songs and dance music, just as did the publishers: C.A. Bixio, F.lli Franchi of Rome, Carlo Lombardo, Mascheroni, La Canzonetta...

The 'song-writers' (the word did not exist in those days) and musicians became their

Schmidtz di Trieste, Beltramo di San Remo, A. Vigna di Milano, O.F. Bodio di Genova, G. Santopanni di Napoli, Ed. Nazionali di Torino; e .... della seconda generazione degli anni '20 e '30: Ed. Gutierrez Pegna, Ed. Leonardi di Milano, Ed. G. Raimondo di Milano ed altri di una certa importanza come Suvini-Zerboni, Messaggerie Musicali, e .... così via.

In Francia gli Editori Francis-Day e Salabert, che si disputavano l'esclusiva delle musiche americane, dominarono il mercato per molti anni e riempirono il nostro paese di piacevolissimi e famosi pezzi sovente in lingua inglese. Abbiamo naturalmente incontrato molti altri editori in Germania, in Ungheria, Spagna, Inghilterra, Stati Uniti e Sud-America....

Gli illustratori

Non c'è molto da raccontare riguardo agli illustratori. Gli artisti importanti, per la verità, non si dedicarono ad illustrare musichette.

Lo si spiega facilmente: gli editori, i più modesti si intende, miravano a spendere il meno possibile e della qualità dei disegni si preoccupavano poco o nulla. Si affidavano quindi per la "grafica" a modesti artefici che sovente non firmavano neppure. Qualche copertina è opera di Manca, noto caricaturista del Guerin Meschino, rare

---

own publishers. Other publishers had exclusive copyright to French, German and American songs. Bideri of Naples published only Neapolitan songs: others specialized in patriotic hymns and even Fascist songs. For the sake of information, we shall quote some names chosen at random from the many available.

Publishers of the first generation include: A. Buffa of Turin; Manno Manni of Florence; F. Lucci of Milan; A. Forlivesi of Florence; G. Correse of Naples, R. Fantuzzi of Milan; C. Schmidtz of Trieste; Beltramo of San Remo; A. Vigna of Milan; O.F. Bodio of Genoa; G. Santopanni of Naples; Ed. Nazionali of Turin. In the second generation, from the Twenties and Thirties, there are: Ed. Gutierrez Pegna; Ed. Leonardi of Milan, and others of a certain importance such as Suvini-Zerboni, Messaggerie Musicali, and others besides.

In France, the publishers Francis-Day and Salabert, competing for the sole rights for American music, dominated the market for many years and supplied Italy with many very pleasant and famous pieces, often in English. Of course, there were many other publishers in other countries, Germany, Hungary, Spain, U.S.A. and South America.

quelle con la firma di Enrico Sacchetti pittore ed abilissimo cartellonista. Negli anni trenta si trovavano le firme di Mendes, Marotta, Bonfanti, Scarzon, Reni, Felin, Ramo....

Qualche copertina è firmata da Umberto Onorato notissimo caricaturista di attori ed attrici ed illustratore del Travaso delle Idee di Roma.

Le edizioni francesi sono firmate da Vertés, Loris....

Le collezioni

Praticamente non ne esistono. Di questa carta stampata che ci ha interessato si curano solo marginalmente le biblioteche e le raccolte civiche, pochissimo le librerie antiquarie. I gestori di bancarelle ne danno poco peso, le buttano via salvando qualche copertina da incorniciare, ...collezionismo minimo da non praticare.

Ne consegue che, malgrado la produzione vastissima ed abbondante, non è sempre facile trovare canzonette e ballabili degli anni venti e meno che mai dell'inizio del secolo e dell'800. Soprattutto non è facile trovarle in buono stato. Per la verità in buono stato non si trovano quasi mai.

La carta su cui si stampava questa musica alla moda ed a buon mercato era per lo più di mediocre qualità e non in grado di resistere all'usura dell'essere aperta

---

The illustrators.

There is not much to be said about the illustrators. Quite frankly, important artists were not concerned with illustrating pieces of music.

This was easily explained. The publishers (the smaller firms, of course) tended to spend as little as possible, and they were concerned only slightly, if not at all, with the quality of the designs. Hence they relied on modest artists for the 'graphics' which were often not signed.

Some of the covers are the work of Manca, the famous caricaturist of 'Guerin Meschino', whereas there are rare examples by Enrico Sacchetti, a painter and a gifted poster designer. Music covers in the Thirties featured work by Mendes, Marotta, Bonfanti, Scarzon, Reni, Felin, Ramo, amongst others.

Some music is illustrated by Umberto Onorato, a very famous caricaturist of actors and actresses, and illustrator of the 'Travaso delle Idee' of Rome. French editions may be illustrated by Vertés, Loris, and others.

Collections.

Practically no collections exist. Libraries and civic collections are only marginally interested in this printed paper, while antique bookshops only very rarely stock it.

e chiusa mille volte quando si passava e ripassava sul leggio del pianoforte.
Grossi pacchi di musiche andarono perduti finiti come carta straccia usciti dai solai ed armadi per i cambiamenti di alloggi e per le fatali dipartite dei loro esecutori.
I pianoforti che man mano si suonavano sempre meno erano diventati sempre più ingombranti e si dovevano eliminare nelle nuove case più piccole per far spazio a radiogrammofoni, giradischi e via via ad impianti stereo ed ai cassoni televisivi, ed oggi anche ai tutti i nuovi sistemi di registrazioni in voce ed in video. Le signori-nelle romantiche, le ragazze di buona famiglia, le spose canore, gli allievi delle Scuole Militari, i viveurs con le ghette ed il colletto duro, gli innamorati sospirosi, gli strimpellatori instancabili, tutti scomparvero lasciandosi dietro musichette sbrin-dellate e con i bordi fragili ed ingialliti dalla luce solare.
Ne abbiamo salvate tante, restaurate, incollate, ricucite e messe tutte insieme per sceglierne solo un numero ridotto, ma significativo, per dare un'idea di quello che fu mezzo secolo fecondo ad impegnato. Non vi figurano edizioni posteriori al 1938.
Nella raccoltina il nostro Paese è privilegiato ma sono rappresentate altre nazioni nell'intento di dare una immagine esauriente e completa perché il fenomeno fu mondiale.
Si è lasciato maggior spazio alle coperine più appariscenti; le più vivaci e sgargian-

---

Bookstall keepers do not give much importance to it and they throw the sheets away, saving some of the covers to be framed. A minor hobby of little interest to a collector. As a result, in spite of the vast and generous output, it is not always easy to find popular songs and dance music of the Twenties, and very difficult to find 19th cen-tury and early 20th century music. Above all, it is hard to find sheets in good condi-tion. The paper on which this music was printed, a cheap product that was highly subject to fashion, was generally of mediocre quality, unable to withstand the wear of being opened and closed thousands of times while being played over and over again on the piano music rest. Large parcels of music have finished up as waste pa-per, thrown out of lofts and cupboards when moving house or in a clear-out after the death of their performers.
Pianos, played less and less, became redundant occupants of space, and so were eliminated from the smaller newer houses to make room for radiograms, record players, and so on to stereo equipment and television sets, not to mention the 'mu-sic centres' and all the new sound and video recording systems.
The romantic 'signorinelle', daughters of well-to-do families, the singing brides, the pupils of the Military Academies, the viveurs with gaiters and stiff collars, the si-ghing in-love, the untiring vampers, all have disappeared leaving behind them tatte-

ti che sovente corrispondono alle musiche che ebbero maggior successo. Ancora oggi, si canterellano, con qualche sorrisetto di commiserazione, per quella zia dai capelli bianchi che strimpellava e ballava il charleston, per la nonna che illanguidiva guardando il fidanzato e suonando tanghi argentini e, ogni tanto, le musiche di Beccucci, le romanze di Tosti, di Toselli e di tanti altri che erano stati la gioia della bisnonna e più indietro ancora.

Tutte le musiche illustrate di romanze, canzoni, canzonette, ballabili per pianoforte, quelle di buona epoca che abbiamo or ora imparato a conoscere, costituiscono un mondo appartato e poco frequentato.

Noi abbiamo cercato di richiamarle alla memoria del lettore e ci auguriamo che non sia solo per un attimo fuggente.....

---

red pieces of music with fragile edges, yellowed by sunlight.

Many of them have been saved, restored, reglued, resewn and collected, and from these a very small number of significant examples have been selected to give some idea of those prolific and busy years. There are no editions from after 1938. In the collection, Italy of course takes the lion's share, but other nations are represented to give a more complete view because the phenomenon was world-wide.

The showier covers, the brightest and the gaudiest have been preferred: they often correspond to the music that enjoyed greatest success. They are hummed even today, with a smile for that greyhaired aunt, who used to strum and dance the Charleston, and for the grandmother who dreamed while watching her fiancé and played Argentinian tangoes and, every so often, the music of Becucci, romances by Tosti, Toselli and others that were the joy of the preceding generation and even earlier. All the illustrated music of romances, ballads, popular songs, dance music for the piano, those were the good old days which we have only recently learnt to appreciate. It is a world of its own, rarely visited.

This book attempts to recall these sheets to the reader's memory, and hopefully it will not just be for a fleeting glimpse.

VOLUMI PUBBLICATI IN QUESTA COLLANA / *VOLUMES PUBLISHED IN THIS SERIES*

N° 1 **LE SPORTIVE D'EPOCA** / *CLASSIC SPORTS CARS*

N° 2 **LA CALZATURA: STORIA E COSTUME** / *FOOTWEAR: HISTORY AND COSTUME*

N° 3 **L'OROLOGIO DA POLSO** / *THE WRIST-WATCH*

N° 4 **I FERRI DA STIRO** / *FLAT-IRONS*

N° 5 **CHIAVI E SERRATURE** / *LOCKS AND KEYS*

N° 6 **LE FISARMONICHE** / *PHYSHARMONICAS*

N° 7 **MARIA CALLAS** / *MARIA CALLAS*

N° 8 **GLI AMULETI EGIZI** / *EGYPTIAN AMULETS*

N° 9 **FONOGRAFI E GRAMMOFONI** / *PHONOGRAPHS AND GRAMOPHONES*

N° 10 **I MANIFESTI FRIVOLI** / *POPULAR POSTERS*

N° 11 **L'OROLOGIO DA TASCA** / *POCKET WATCHES*

N° 12 **I CAVATAPPI** / *CORKSCREWS*

N° 13 **I GIOCHI DI CARTA** / *CARD GAMES*

N° 14 **LA RADIO** / *WIRELESS SETS*

N° 15 **I VENTAGLI DI CARTA** /*PAPER FANS*

N° 16 **ALESSANDRO VOLTA** / *ALESSANDRO VOLTA*

N° 17 **ISLAM NELLE STAMPE** / *ISLAM IN PRINTS*

N° 18 **I MENU FAMOSI** / *FAMOUS MENUS*

N° 19 **MACCHINE PER CUCIRE** / *SEWING MACHINES*

N° 20 **GLI OCCHIALI** / *SPECTACLES*

N° 21 **IL CAPPELLO DA UOMO** / *MEN'S HATS*

N° 22 **OROLOGI DA TAVOLO** / *TABLE CLOCKS*

N° 23 **I SOLDATINI D'AUTORE** / *MODEL SOLDIERS*

N° 24 **LA BICICLETTA** / *THE BICYCLE*

N° 25 **LE CANZONETTE** / *POPULAR SONGS*

N° 26 **BORSE E VALIGIE** / *BAG AND SUITCASES*

N° 27 **AUTO A MOLLA** / *CLOCKWORK CARS*

N° 28 **I FIAMMIFERI** / *MATCHBOXES*

N° 29 **MOTO GIOCATTOLO** / *TOY MOTORCYCLES*

N° 30 **IL CAPPELLO DA DONNA** / *WOMEN'S HATS*

Finito di stampare
nel mese di settembre 1989